Gongshang Baoxian

Zhishi Shouce

工伤保险知识手册

主　编　梁　彪
副主编　李英克
策　划　郭　峰

中国矿业大学出版社

图书在版编目(CIP)数据

工伤保险知识手册 / 梁彪主编. —徐州:中国矿业大学出版社,2018.9

ISBN 978-7-5646-4145-0

Ⅰ.①工… Ⅱ.①梁… Ⅲ.①工伤保险－基本知识－中国 Ⅳ.①F842.61

中国版本图书馆 CIP 数据核字(2018)第 224904 号

书　　名 工伤保险知识手册
主　　编 梁　彪
责任编辑 王加俊
出版发行 中国矿业大学出版社有限责任公司
(江苏省徐州市解放南路　邮编 221008)
营销热线 (0516)83885307　83884995
出版服务 (0516)83885767　83884920
网　　址 http://www.cumtp.com
E-mail:cumtpvip@cumtp.com
印　　刷 徐州市今日彩色印刷有限公司
开　　本 889×1194　1/64
印张 2.5　**字数** 64 千字
版次印次 2018 年 9 月第 1 版
2018 年 9 月第 1 次印刷
定　　价 15.00 元

《工伤保险知识手册》编委会

用行动预防伤害

用平安美丽中国

前　言

工伤保险，是通过社会统筹的办法，集中用人单位缴纳的工伤保险费，建立工伤基金，对劳动者在生产经营活动中遭受意外伤害或患职业病，并由此造成死亡、暂时或永久丧失劳动能力时，给予劳动者及其家属法定的医疗救治及必要的经济补偿的一种社会保障制度。为了推动工伤保险事业的发展，宣传普及《工伤保险条例》，使广大从业者预防工伤、避免工伤，正确维护自己的合法权益，我们组织人员编写了《工伤保险知识实用手册》。本书共分六部分：第一部分是工伤保险基本知识；第二部分是工伤认定；第三部分是劳动能力鉴定；第四部分是工伤保险待遇；第五部分是工伤预防；第六部分是附录，包括工伤保险知识测试和《工伤保险条例》。希望本书能为广大相关从业者熟悉工伤保险和工伤保障权益，提高工伤预防和应对处理能力提供帮助。

编者

2018 年 8 月

目　　录

第一篇　工伤保险基本知识

第二篇　工伤认定

第三篇　劳动能力鉴定

第四篇　工伤保险待遇

第五篇　工伤预防

第一篇

工伤保险
基本知识

1. 什么是工伤？

工伤，又称“工作伤害”或“职业伤害”，是指劳动者在从事职业活动或与职业责任有关的活动时所遭受的事故伤害和职业病伤害。

依法参加工伤保险
保障职工工伤权益

2. 什么是工伤保险？

工伤保险又称职业伤害保险，是指通过社会统筹的方法，集中用人单位缴纳的工伤保险费，建立工伤基金，对劳动者在生产经营活动中或在规定的某些特殊情况下所遭受的意外伤害或职业病，以及由此造成意外死亡、暂时或永久丧失劳动能力时，给予劳动者及其供养亲属法定的医疗救治以及必要的经济补偿的一种社会制度。这种补偿既包括医疗、康复所需，也包括生活保障所需。

3. 工伤保险有哪些主要原则？

工伤保险主要遵循以下原则：无过失补偿原则，个人不交费原则，风险分担、互助互济原则，保障与补偿相结合原则，补偿、预防、康复相结合的原则。

参加工伤保险
化解工伤风险

4. 工伤保险是如何缴费的?

用人单位应当按时缴纳工伤保险费,职工个人不缴纳工伤保险费。用人单位缴纳工伤保险费的数额为本单位职工工资总额乘以单位缴费率之积。对难以按照工资总额缴纳工伤保险费的行业,其缴纳工伤保险费的具体方式,按照国务院社会保险行政部门规定执行。

5. 工伤保险基金是由哪些资金构成的?其用途是什么?

工伤保险基金由用人单位缴纳的工伤保险费、工伤保险基金的利息和依法纳入工伤保险基金的其他资金构成。工伤保险基金存入社会保障基金财政专户,用于《工伤保险条例》规定的工伤保险待遇，劳动能力鉴定，工伤预防的宣传、培训等费用支出，以及法律、法规规定的用于工伤保险的其他费用的支付。

6. 工伤保险中，用人单位有哪些权利和义务？

用人单位的权利包括：向社会保险经办机构查询、核对其缴费记录，要求社会保险经办机构提供工伤保险咨询等相关服务。

用人单位应承担的义务：一是缴费义务，应及时、足额缴纳工伤保险费；二是登记义务，即在单位成立之日起30日内向当地社会保险经办机构申请办理社会保险登记；三是申报业务，即应当自行申报，按时足额缴纳工伤保险费。

工伤保险与您风雨同舟

7. 工伤保险中，职工有哪些权利和义务？

职工的权利主要有：

（1）因工作原因受到事故伤害或者患职业病时，申请工伤认定及劳动能力鉴定。

（2）经工伤认定后，享受工伤保险待遇；经劳动能力鉴定后丧失劳动能力的，享受伤残待遇。

（3）监督本单位为自己缴纳工伤保险费的情况。

（4）向社会保险经办机构查询、核对其缴费记录，要求社会保险经办机构提供工伤保险咨询等相关服务。

（5）有权依法申请行政复议或者提起行

政诉讼。

职工应该履行的义务主要有：

（1）遵守有关安全生产和职业病防治的法律法规，遵守安全规章制度，积极预防工伤事故的发生，减少事故和职业病危害。

（2）发生事故和职业病伤害后，积极配合治疗和康复。

（3）协助有关部门对事故进行调查核实，不得提供虚假材料。

8. 哪些单位必须为职工依法参加工伤保险？

我国境内的企业、事业单位、社会团体、民办非企业单位、基金会、律师事务所、会计师事务所等组织和有雇工的个体工商户都应当参加工伤保险。

9. 同时在两个或者两个以上单位工作，工伤保险由哪个单位办理？

人力资源和社会保障部《实施〈中华人民共和国社会保险法〉若干规定》，对职工在两个或者两个以上单位工作的情况作出了明确规定，指出各用人单位都有为职工缴纳工伤保险费的义务，发生工伤时只由职工工作时所在单位承担工伤保险责任。《最高人民法院关于审理工伤保险行政案件若干问题的规定》也再次明确了“职工与两个或两个以上单位建立劳动关系的，在工伤事故发生时，职工为之工作的单位为承担工伤保险责任的单位”。

10. 被劳务派遣到其他单位工作的，工伤保险责任由哪个单位承担？

劳务派遣单位是用人单位，应当履行用人单位对劳动者的义务，与被派遣劳动者签订劳动合同，并依法缴纳各项社会保险。用人单位与劳动者存在劳动关系，而用工单位是接受派遣人员的单位，用工单位与劳动者不存在劳动关系。因此，劳务派遣单位是承担工伤保险责任的主体，应当为职工缴纳相应的工伤保险费，并在发生工伤事故时承担相应责任。

11. 被指派到其他单位工作的，工伤保险责任由哪个单位承担？

职工被指派到其他单位工作，是指用人

单位将自己的职工派到其他单位完成某项工作。如春运期间，铁路部门车务段、电务段等单位根据上级指令，抽调部分职工到客运段担当列车员，完成春运值乘任务，春运结束后返回原单位，这就是指派。根据《工伤保险条例》及《最高人民法院关于审理工伤保险行政案件若干问题的规定》的规定，在指派期间，职工的工伤保险费仍由指派单位缴纳，被指派职工因工作原因遭受损害的，即使损害发生的地点不在指派单位，也仍由指派单位承担工伤保险责任。

12. 挂靠关系中谁来承担工伤保险责任？

这种情况主要是个人挂靠其他单位对外经营，其聘用的人员因工伤亡的，被挂靠单位为承担工伤保险责任的单位。

规范用工管理
促进安全生产

13. 用人单位不签订劳动合同，是否可以不承担责任？

依据相关规定，劳动关系自用工之日起建立。在用人单位与劳动者没有签订劳动合同的情况下，如果劳动者实际上已经成为该单位的成员，为该单位工作，且双方已经开始履行口头约定的权利义务，就应该视为用人单位与劳动者之间存在事实上的劳动关系。因此，只要有证据证明用人单位与劳动者之间在事实上建立了劳动关系，用人单位就必须承担工伤保险责任。

14. 用人单位非法用工发生人身伤害或患职业病的，如何认定责任？

非法用工主要包括下列情形：第一，单

位已经被工商行政管理部门依法吊销或者注销营业执照，但仍聘用人员从事经营活动；第二，单位还未取得营业执照或者未依法登记、备案就聘用人员开始生产经营；第三，单位虽有合法经营许可，但是聘用了不满16岁的童工；等等。

《工伤保险条例》第六十六条规定，非法用工单位的职工受到事故伤害或者患职业病的，由该单位向伤残职工或者死亡职工的近亲属给予一次性赔偿，赔偿标准不得低于本条例规定的工伤保险待遇；用人单位使用童工造成童工伤残、死亡的，由该单位向童工或者童工的近亲属给予一次性赔偿，赔偿标准不得低于本条例规定的工伤保险待遇。

一次性赔偿包括受到事故伤害或患职业病的职工或童工在治疗期间的费用和一次性赔偿金，一次性赔偿金数额应当在受到事故伤害或患职业病的职工或童工死亡或者经劳动能力鉴定后确定。

15. 用人单位分立、合并、转让的情况下，谁来承担工伤保险责任？

分立是指一个单位分成两个或两个以上的单位；合并是指两个或者两个以上的单位合并为一个单位；转让是指一个单位转让给另一个单位。根据《工伤保险条例》第四十三条规定，用人单位分立、合并、转让的，承继单位应当承担原用人单位的工伤保险责任。

16. 用人单位未按时足额缴纳工伤保险费的怎么处理？

《社会保险法》第八十六条规定，用人单位未按时足额缴纳社会保险费的，由社会保险费征收机构责令限期缴纳或者补足，并自欠缴之日起，按日加收万分之五的滞纳金；逾期仍不缴纳的，由有关行政部门处欠缴数额1倍以上3倍以下的罚款。

17. 参加了人身意外伤害保险还需要参加工伤保险吗?

人身意外伤害保险是商业保险的一个险种,其保障功能远不及工伤保险,工伤保险是社会保障体系的一个重要组成部分,是国家强制性规定。工伤职工享有治疗、康复、一次性补偿的权利。人身意外伤害保险只是一种补充保险,不能替代工伤保险。

18. 单位需要为有劳务关系的雇员缴纳工伤保险吗?

单位不需要为有劳务关系的雇工缴纳工伤保险。劳务关系的双方不存在隶属关系,没有管理与被管理、支配与被支配的权利和义务,提供劳务的一方在工作过程中虽然也要接受用人单位指挥、监督,但并不受用人单位内部各项规章制度的约束,双方的地位处在同一个平台上;而劳动关系中的双方具有隶属关系,劳动者须接受用人单位的管理，遵守用人单位的规章制度，用人单位对于违反劳动纪律和规章制度的劳动者可以采取如降级、撤职和解除劳动关系等处分。这是劳务关系与劳动关系的最重要区别。劳务关系双方之间不具备劳动关系的法律特征，双方形成劳务关系，而非事实劳动关系。雇员在工作中受到伤害可以按普通侵权造成人身损害赔偿的标准承担赔偿责任。在程序上，这类案件案由为雇员受害赔偿纠纷，劳动者可以直接向人民法院起诉，不经过劳动仲裁程序。

19. 退休返聘人员能享受工伤保险吗？

退休人员返聘到用人单位应当享受工伤保险待遇。但是由于退休人员同时享受养老保险待遇，单位不能再为他们缴纳工伤保险，故退休人员受聘期间因工作发生职业伤害的，应由聘用单位参照工伤保险的相关待遇标准妥善处理。在现实社会中也存在这样一种情况，受伤害人员虽然达到了退休年龄，但还没有开始享受养老保险待遇，单位还继续为其缴纳工伤保险的，此类返聘人员能够继续享受工伤保险基金支付的相关待遇。

20. 用人单位拒不协助社会保险行政部门对事故伤害调查核实的，怎么处理？

根据人力资源和社会保障部《工伤认定办法》第二十五条规定，用人单位拒不协助社会保险行政部门对事故伤害进行调查核实的，由社会保险行政部门责令改正，并处2000元以上2万元以下的罚款。

21. 用人单位不按规定参加工伤保险应负什么责任？

用人单位应当参加工伤保险而未参加的，由社会保险行政部门责令限期参加，补缴应当缴纳的工伤保险费，并自欠款之日起，按日加收万分之五的滞纳金；逾期仍不缴纳的，处欠缴数额1倍以上3倍以下的罚款。应当参加工伤保险而未参加的用人单位职工发生工伤的，由该用人单位按照工伤保险条例规定的工伤保险待遇项目和标准支付费用。用人单位应及时参加工伤保险并补缴应当缴纳的工伤保险费、滞纳金。

第二篇

工伤认定

22. 工伤认定申请有时限吗?

发生工伤后工伤认定申请有效时限最长为1年。应该说明的是,所在单位应当自事故伤害发生之日或者被诊断、鉴定为职业病之日起30日内,向统筹地区社会保险行政部门提出工伤认定申请。超过30日的由职工本人、近亲属或者单位工会组织在1年内向所在统筹地区社会保险行政部门提出工伤认定申请。

23. 工伤认定有时限吗?

社会保险行政部门应当自受理工伤认定申请之日起60日内作出工伤认定的决定,并书面通知申请工伤认定的职工或者其直系亲属和该职工所在单位。社会保险行政部门对事实清楚、权利义务明确的工伤认定申请,应当在15日内作出工伤认定的决定。

24. 申请工伤认定需要提交哪些材料?

提出工伤认定申请应当提交下列材料:

(1)工伤认定申请表;

(2)与用人单位存在劳动关系(包括事实劳动关系)的证明材料;

(3)医疗诊断证明或者职业病诊断证明书(或者职业病诊断鉴定书);

(4)能够证明在工作时间、工作地点受到伤害的证明材料;

(5)交通事故还要提供交通事故责任认定书;

(6)本人自述;

(7)证人证言。

工伤认定申请人提供材料不完整的,社会保险行政部门应当一次性书面告知工伤认定申请人需要补正的全部材料。申请人按照书面告知要求补正材料后,社会保险行政部门应当受理。

25. 谁可以提出工伤认定申请？

提出工伤认定申请的主体是受伤害职工单位，受伤害职工本人、近亲属或者单位工会组织。

26. 工伤认定需要的有关证明文件如何取得？

(1) 交通事故伤害证明，由公安交通管理部门出具；

(2) 暴力伤害证明，由公安刑事管理部门或治安管理部门出具；

(3) 见义勇为证明，由当地民政部门出具；

(4) 职工下落不明，由人民法院出具司法裁定书。

27. 申请工伤认定时，哪些材料可以证明存在劳动关系？

与工作单位存在劳动关系是申请工伤认定的前提条件。关于劳动关系，主要有两种情况,一是劳动合同,二是事实劳动关系。签订规范的劳动合同是职工最好的权利保护凭证。但是,在现实的用工中,也有不少的小微企业,特别是餐饮服务业未与劳动者签订劳动合同,那么认定存在劳动关系时可以参照以下凭证:(1)工资支付凭证或记录(工资条或工资发放花名册);(2)用人单位向劳动者发放的“工作证”“服务证”“出入证”等能够证明其身份的证件;(3)考勤记录;(4)其他工友的证言等。

28. 工伤认定中用人单位有哪些举证责任?

如果职工或者近亲属认为受到的伤害是工伤,而用人单位不认为是工伤,用人单位需要承担举证责任。如果用人单位没有充分证据证明受伤害职工不属于工伤范畴,将承担不利于单位的结果。《最高人民法院关于审理工伤保险行政案件若干问题的规定》明确了"职工在工作时间和工作场所内受到伤害,用人单位或者社会保险行政部门没有证据证明是非工作原因导致的",应当认定为工伤,进一步重申了用人单位的举证责任。

29. 过失犯罪和违反治安管理行为造成的伤害能提出工伤认定申请吗?

新的《工伤保险条例》将原条例中的"过失犯罪和违反治安管理行为"去除,修改为"故意犯罪"。因为这类行为对社会的危害性较小,因此,过失犯罪和违反治安管理行为也有可能被认定为工伤。

30. 社会保险行政部门在工伤认定中,还可以进行哪些取证调查?

(1) 根据工作需要,进入有关单位和事故现场;

(2) 依法查阅与工伤认定有关的资料,询问有关人员并作出调查笔录;

(3) 记录、录音、录像和复制与工伤认定有关的资料。调查核实工作的证据收集参照行政诉讼证据收集的有关规定执行。

31. 用人单位未参加工伤保险，职工受到职业伤害能申请工伤认定吗？

用人单位未参加工伤保险，当职工受到职业伤害时，也可以向当地的社会保险行政部门申请工伤认定。工伤认定后的一切工伤待遇所产生的费用都由用人单位承担。应该说明的是，凡是《工伤保险条例》明确规定的应该缴纳工伤保险的单位，都应该而且是必须及时、足额缴纳，这是法定义务，是强制性的。

32. 不得认定为工伤或者视同工伤的情形有哪些？

有下列情形之一的不得认定为工伤或者视同工伤：

(1) 故意犯罪的；

(2) 醉酒或者吸毒的;

(3) 自残或者自杀的。

33. 工伤认定申请由什么部门受理?

发生事故伤害后,应在规定时限内向参保地社会保险行政部门提出工伤认定申请。

34. 工伤认定决定包括哪些内容?

工伤认定决定包括下列事项:用人单位全称;职工姓名、性别、年龄、职业、身份证号码；受伤部位、事故时间和诊治时间或职业病名称、伤害经过和核实情况、医疗救治的基本情况和诊断结论；认定为工伤、视同工伤或认定为不属于工伤、不视同工伤的依据；认定结论；不服认定决定申请行政复议的部门和期限；作出认定决定的时间。工伤认定决定书应加盖劳动保障部门工伤认定专用印章。

35. 当事人对工伤认定结论不服，应该如何办理？

当事人对工伤认定申请结论不服的，可以自知道工伤认定结论之日起 60 日内依法申请行政复议；对复议决定不服的，可以在收到复议决定书之日起 15 日内向人民法院提起行政诉讼。不经过行政复议直接向人民法院提起行政诉讼的，应当在知道工伤认定结论之日起 3 个月内提出。

36. 如何认定"上下班途中"?

（1）在合理时间内往返于工作地与住所地、经常居住地、单位宿舍的合理路线的上下班途中；

（2）在合理时间内往返于工作地与配偶、父母、子女居住地的合理路线的上下班途中；

（3）从事属于日常工作生活所需要的活动，且在合理时间和合理路线的上下班途中；

（4）在合理时间内其他合理路线的上下班途中。

37. 如何理解"在48小时内经抢救无效死亡"的情形?

在工作时间和工作岗位上是工伤认定的前置条件。工作时间是指法律规定的或者单位要求职工工作的时间；工作岗位是指职工日常所在的工作岗位以及从事本单位工作时所在的岗位。“48 小时”的起算时间，以医疗机构初次诊断时间为准。需要说明的是，职工突发疾病被送上救护车的时间不算 48 小时起算时间；转院治疗的，应以第一家医疗机构的初次诊断时间作为“48 小时”的起算时间。

需要注意的是：“在 48 小时内经抢救无效死亡”视同工伤的适用范围是从工作岗位到抢救的医疗机构之间。如职工在单位发病回家休息然后死亡的则不能视同工伤。

38. 在工作中劳累过度患病的能否认定为工伤？

职工因工作过度劳累而患病的，不属于工伤。因为过度劳累引发疾病是一种无法准确量化或准确判断的情形，也有可能是个人体质或个人生活等其他原因引发疾病并在工作中突发。社保体系的保障本来就很有限，不宜过度扩大认定和保障范围，否则会给工伤保险基金带来巨大压力，也给用人单位造成生产和管理的困难，增大劳资纠纷的概率，最终受损的很可能是广大的工伤员工。所以，以《工伤保险条例》为基本依据而建立的工伤保险制度并未将职工因工作劳累过度引发的疾病列入工伤保险保障范围。

39. 腰椎间盘突出如何认定为工伤?

腰椎间盘突出能否认定工伤要看具体情况。腰椎间盘突出是因椎间盘变形，纤维环破裂，髓核突出刺激或压迫神经根、马尾神经所表现的一种综合征，是腰腿疼痛最常见的原因之一。如果是腰间盘退行性改变、妊娠、遗传或者受寒等因素造成的，则不能认定为工伤。如果是在工作时间和工作地点因工作原因受到外力撞击、摔倒等引发的急性腰椎间盘突出症，在提供工伤认定要求的相关材料后，可以申请工伤认定。

40. 在工作期间中暑能否认定工伤？

《职业病分类和目录》中已将“中暑”规定在因物理因素所致的职业病内。如果是在工作期间因特殊的工作环境造成中暑，经具有职业病诊断资格的医疗机构确诊，根据《职业病防治法》和《工伤保险条例》，职工中暑应视为工伤。

41. 在职工食堂就餐发生食物中毒能否申请工伤？

职工在单位食堂就餐，是单位为职工提供的便利，以便职工更有时间和精力投入到工作中。因此，职工在食堂就餐的这段时间，可视为职工的工作时间。再者，职工在单位食堂就餐中毒，绝大部分是因为管理不善造成的，而非职工本人责任。食物中毒一般是群体事件，很少只有一个职工中毒。像这种因为单位的过失造成职工食物中毒的，职工可以提起工伤认定申请，劳动保障行政部门也应认定为工伤事故。

42. 工作期间去厕所滑倒摔伤能认定为工伤吗?

工作期间去厕所滑倒摔伤应该认定为工伤。因为去厕所是人的必需的生理需要，也是工作过程中不可避免的正常行为，厕所也应当看作是工作场所的外延。

43. 单位安排了职工宿舍，而职工在外租房居住，上下班途中受伤能认定工伤吗?

单位虽然安排了宿舍，职工由于自身原因另外租房居住，这是职工的权利。上下班途中发生交通事故伤害，只要不是职工本人负主要责任，应该认定为工伤。

44. 因自身违章操作受到事故伤害，能认定为工伤吗?

为了保护职工的合法权益，无过错补偿是工伤保险的一个基本原则。单位的规章必须要遵守，但不能因为职工的违章过失而剥夺职工享受工伤保险的权利。在《工伤保险条例》规定的不予认定工伤和视同工伤的几种情形中，并不包括违章操作条款。只要是在工作场所和工作时间内从事相关的工作受到伤害，不论过错方是谁，受伤职工都可以申请工伤认定。

45. 在工作中遭受精神伤害，能否认定为工伤？

所谓“精神伤害”是指非法侵犯他人精神健康并致受害人精神活动障碍的行为，即为“精神伤害”。这也是刑法中伤害罪所包含的内容。

工伤是指在工作过程中所受到的身体伤害，而非精神伤害。如果在工作中因第三人原因遭受精神伤害，不能申报工伤。但受害者可以通过其他法律渠道维护自己的合法权益。一般主张对精神伤害的赔偿宜通过调解和协商。

46. 哪些情形可以视同工伤？

《工伤保险条例》第十五条规定，职工有下列情形之一的，视同工伤：

（1）在工作时间和工作岗位，突发疾病死亡或者在48小时之内经抢救无效死亡的；

（2）在抢险救灾等维护国家利益、公共利益活动中受到伤害的；

（3）职工原在军队服役，因战、因公负伤致残，已取得革命伤残军人证，到用人单位后旧伤复发的。

47. 职工发生工伤后应该经过哪些流程？

职工发生工伤后，用人单位应该及时安排受伤害职工到工伤定点医院进行医疗救治；情况紧急的可到就近的医院救治，待伤情稳定后转到定点医院继续治疗。职工和单位准备认定工伤所需的材料，在发生事故之日起1个月内由单位向参保地社会保险行政部门提出工伤认定申请和康复申请；超过1个月至1年内由职工本人、近亲属或工会组织提出工伤认定申请。工伤认定决定书下达后，到社会保险经办部门办理工伤医疗费用的报销；停工留薪期满后由单位向社会保险行政部门提出劳动能力鉴定申请，按照鉴定程序参加鉴定；鉴定结果下达后，有鉴定级别的，向社会保险经办部门申报一次性工伤补偿。

48. 如何理解上下班途中发生“非本人主要责任的交通事故”？

新的《工伤保险条例》规定：在上下班途中，受到非本人主要责任的交通事故或者城市轨道交通、客运轮渡、火车事故伤害的，可以认定为工伤。上下班途中发生交通事故，是指《道路交通安全法》所指的在道路上发生的车辆交通事故，这里说的车辆是指机动车，非机动车不在这个范畴内，也就是说，非机动车伤害不能认定为工伤。发生机动车伤害事故后，还需要交管部门的责任认定，责任认定一般有以下四种：本人无责任、本人负次要责任、本人负同等责任、本人负主要责任。符合前三种责任的应认定为工伤。

49. 上下班途中绕行、改行其他路线时发生事故如何认定？

上下班途中发生非本人主要责任的机动车伤害，能否认定为工伤，主要看是不是符合以下两个合理条件：一是合理时间，二是合理目的地。受伤害职工没有超出正常合理的时间范围，因一些客观原因绕行或者改行其他路线，如道路施工封闭、道路积水难行、交通堵塞等，而职工的目的地确实就是单位和居住地，即使比正常的上下班路线用时稍多，也属合理范围。在这种情况下发生非本人主要责任的机动伤害事故，原则上应当认定为受伤害职工是在“上下班途中”。

如果受伤害职工超出了合理时间范围，不是以上下班目的而改道、绕行的，如参加娱乐活动、逛街购物、朋友聚会等，发生机动车伤害事故则不能认定为工伤。

如果受伤害职工超出合理目的地，如越过单位和居住地一段区间办理非必要的事情，发生机动车伤害事故，也不宜认定为工伤。

50. 职工参加用人单位组织或者受用人单位指派参加其他单位组织的活动受到伤害的是否算工伤?

《最高人民法院关于审理工伤保险行政案件若干问题的规定》明确了"职工参加用人单位组织或者受用人单位指派参加其他单位组织的活动受到伤害的",应当认定为工伤。需要注意的是,这里的活动是指单位组织的活动,不包括私人活动,如果是在参加完单位的活动后同朋友聚会或者进行其他与单位无关的活动发生伤害,则不能认定为工伤。

51. 职工在上下班途中为抢救其他单位财产而遭受伤亡的,能认定为工伤吗?

《工伤保险条例》明确规定:在抢险救灾等维护国家利益、公共利益活动中受到伤害的,视同工伤。抢险救灾等维护国家利益、公共利益活动是一种值得提倡的见义勇为行为，条例中并没有规定时间和空间，因此，即使抢救的是其他单位的财产，也应当认定为工伤。

52. 职工在上下班途中摔伤能认定为工伤吗？

《工伤保险条例》只规定了在上下班途中发生受到非本人主要责任的交通事故或者城市轨道交通、客运轮渡、火车事故伤害的，可以认定为工伤。在上下班途中摔伤的

情形要具体分析。如果是因道路施工出现挖坑又没有设立防护措施而受伤害职工无法预见的，应当认定为工伤；如果是职工在正常的道路上摔伤则不宜认定为工伤。

53. 单位司机违章驾驶造成交通事故发生伤亡的能申请工伤吗？

单位司机在执行本单位工作任务时，因违章驾驶造成交通事故发生伤亡的，如果是一般过失性违章，并未构成交通事故肇事罪，按照工伤保险无责任补偿原则处理，应该认定为工伤；如果司机是在上下班途中违章驾驶造成交通事故，就要按照《工伤保险条例》中“上下班途中”的条款规定，根据交管部门的交通事故责任认定书，如果负主要责任，则不能认定为工伤。

54. 职工在工作中发病且诊断为内源性精神病的，能认定为工伤吗？

内源性精神病是指由躯体“内部”因素

所引起的精神疾病，带有明显的生物学特点，如遗传因素比较突出的。目前，《工伤保险条例》规定职工在工作时间和工作场所内，因工作原因受到事故伤害和患职业病的属于工伤保险的范围，也就是说因事故伤害和患职业病这两类情况才有可能被认定为工伤。内源性精神病显然不属于事故伤害的范畴。《职业病防治法》对职业病也有明确界定。职业病是指因接触粉尘、放射性物质和其他有毒、有害物质等因素而引起的疾病。目前，并未有相关法律将精神类疾病纳入到职业病的范畴，因此，精神类疾病也不属于职业病。故职工在工作中发病诊断为内源性精神病的，不能认定为工伤。

55. 职工终止、解除劳动关系或退休之后被诊断为职业病的，能申请工伤吗？

首先应该确认的是，该职工在单位工作期间是否从事过或接触职业病危害作业，如果没有，则不具备职业病的前提条件，不能申请工伤。如果从事过或接触职业病危害作业，且终止、解除劳动关系或退休之后未再从事过接触职业病危害作业，可以自诊断、鉴定为职业病之日起1年内申请工伤认定。

56. 凡是在工作单位发生的伤害都能算工伤吗？

不能这样认为。在工作单位发生的伤害要看具体情况，要分析是不是工作原因造成的。《工伤保险条例》第十四条规定，职工有下列情形之一的，应当认定为工伤：一是在工作时间和工作场所内，因工作原因受到事故伤害的；二是工作时间前后在工作场所内，从事与工作有关的预备性或者收尾性工作受到事故伤害的；三是在工作时间和工作场所内，因履行工作职责受到暴力等意外伤害的；四是患职业病的等。如果是故意犯罪、醉酒或者吸毒、自残或者自杀和其他非工作原因造成伤害就不能算工伤。

57. 在探亲休假结束返回单位所在地的途中发生人身伤害能认定工伤吗?

不能认定工伤。因为职工探亲是职工暂时脱离生产、工作岗位,休息休假的一种方式。这种情况既不是通常意义上的上下班途中,也不是因公外出,不符合《工伤保险条例》第十四条规定的七种工伤情形和第十五条规定的三种视同工伤情形。

58. 上班期间遭受暴力受伤,能认定为工伤吗?

在上班期间,遭受暴力受伤能否认定工伤,要视情况具体分析。《工伤保险条例》第十四条第三款规定:在工作时间和工作场所内,因履行工作职责受到暴力等意外伤害的,可以认定为工伤。这句话的要件是工作时间、工作场所、工作职责。只有符合这三个要件，才可以认定为工伤。

案例一：张某某同李某某是邻居，又在同一班组上班，因双方家属邻里关系紧张经常吵骂。某日上班期间张某某和李某某因家属的问题发生争吵继而厮打，张某某将李某某打伤。事后李某某向单位提出工伤申请，被单位拒绝；一月后李某某向所在地社保部门申报工伤，社保部门经过调查核实，认为李某某受伤不属于履行工作职责，作出了不是工伤的认定。

案例二：王某是单位门卫，在值班时因拒绝两个社会青年无正当理由进入厂区而被打伤，单位及时送其入院治疗。单位向所在地社保部门申报工伤，社保部门经调查核实后，作出了工伤认定的决定。

59.《认定工伤决定书》应载明哪些事项？

(1) 用人单位全称；

（2）职工的姓名、性别、年龄、职业、身份证号码；

（3）受伤害部位、事故时间和诊断时间或职业病名称、受伤害经过和核实情况、医疗救治的基本情况和诊断结论；

（4）认定工伤或者视同工伤的依据；

（5）不服认定决定申请行政复议或者提起行政诉讼的部门和时限；

（6）作出认定工伤或者视同工伤决定的时间。

60.《不予认定工伤决定书》应载明哪些事项？

（1）用人单位全称；

（2）职工的姓名、性别、年龄、职业、身份证号码；

（3）不予认定工伤或者不视同工伤的依据；

（4）不服认定决定申请行政复议或者提

起行政诉讼的部门和时限；

（5）作出不予认定工伤或者不视同工伤决定的时间。

第三篇

劳动能力鉴定

61. 什么是劳动能力鉴定?

劳动能力鉴定是指职工因工受伤或患职业病,对劳动和生活能力产生不同程度的影响。劳动能力鉴定机构根据用人单位、职工本人或近亲属的申请,组织劳动能力鉴定医学专家,根据劳动保障的有关政策,运用医学科学技术手段和方法,对工伤职工的劳动功能障碍程度和生活自理障碍程度进行综合评定的一种制度。

62. 为什么要进行劳动能力鉴定?

劳动能力鉴定是工伤保险制度的一个重要组成部分,其主要意义体现在以下三个方面:一是职工无论是在工伤医疗期内痊愈或是病情稳定,还是停工留薪期满后仍不能工作,都要通过医学检查对其伤残后丧失劳动能力的程度做出判断;二是通过劳动能力鉴定,准确评定伤残、病残程度,有利于加强单位对工伤职工的管理,切实保障工伤职工的合法权益;三是劳动能力鉴定为正确处理工伤待遇及劳资纠纷方面的争议提供了客观依据。

63. 如何进行劳动能力鉴定?

工伤职工经治疗伤情相对稳定后存在残疾、影响劳动能力的,或者停工留薪期满,工伤职工或者用人单位应及时向设区的市级劳动能力鉴定委员会提出鉴定申请,并提供相关资料。劳动能力鉴定委员会在收到劳动能力鉴定申请后,应当在 60 日内组织 3 名或 5 名专家,由专家根据工伤鉴定标准提出鉴定意见。劳动能力鉴定委员会根据专家组的鉴定意见作出工伤职工劳动能力鉴定结论。最后,劳动能力鉴定委员会及时将鉴定结果送达工伤职工和用人单位。

64. 申请劳动能力鉴定的主体是谁?

劳动能力鉴定由用人单位、工伤职工或者近亲属向设区的市级劳动能力鉴定委员会提出申请，并提供工伤认定决定书和职工工伤医疗的有关资料。

65. 申请劳动能力鉴定需要哪些材料？

（1）《工伤认定决定书》原件和复印件；

（2）有效的诊断证明，按照医疗机构病历管理有关规定复印或者复制的检查、检验报告等完整病历材料；

（3）工伤职工的居民身份证或者社会保障卡等其他有效身份证明原件和复印件；

（4）劳动能力鉴定委员会规定的其他材料。

66. 收到劳动能力鉴定申请后多长时间作出鉴定结论？

劳动能力鉴定委员会收到劳动能力鉴定申请后，应当及时对申请人提交的材料进行审核；申请人提供材料不完整的，劳动能力鉴定委员会应当自收到劳动能力鉴定申请之日起5个工作日内一次性书面告知申请人需要补正的全部材料。

申请人提供材料完整的，劳动能力鉴定委员会应当及时组织鉴定，并在收到劳动能力鉴定申请之日起60日内作出劳动能力鉴定结论。伤情复杂、涉及医疗卫生专业较多的，作出劳动能力鉴定结论的期限可以延长30日。

67. 申请人如果对劳动能力鉴定结果有异议怎么办？

工伤职工或者其用人单位对初次鉴定结论不服的，可以在收到该鉴定结论之日起15日内向省、自治区、直辖市劳动能力鉴定委员会申请再次鉴定。申请再次鉴定，除提供初次鉴定规定的材料外，还需提交劳动能力初次鉴定结论原件和复印件。省、自治区、直辖市劳动能力鉴定委员会作出的劳动能力鉴定结论为最终结论。

68. 劳动能力鉴定后,伤情加重了还能再次申请鉴定吗?

自劳动能力鉴定结论作出之日起1年后,工伤职工、用人单位或者社会保险经办机构认为伤残情况发生变化的,可以向设区的市级劳动能力鉴定委员会申请劳动能力复查鉴定。

69. 工伤职工拒不接受劳动能力鉴定,还能享受工伤保险待遇吗?

按照《工伤保险条例》第四十二条规定,工伤职工拒不接受劳动能力鉴定的,停止享受工伤保险待遇。

70. 劳动能力鉴定结论书应当载明哪些事项?

(1) 工伤职工及其用人单位的基本信息;

(2) 伤情介绍,包括伤残部位、器官功能障碍程度、诊断情况等;

(3) 作出鉴定的依据；

(4) 鉴定结论。

71. 工伤伤残等级有几级?

工伤伤残等级有十级。一级最重，十级最轻。一至四级需要退出工作岗位并享受伤残津贴。

第四篇

工伤保险待遇

工伤事故不幸

工伤保险有情

72. 工伤职工可以享受哪些工伤保险待遇?

工伤保险待遇是指职工因工伤亡后由工伤保险基金支付的补救和补偿,包括工伤医疗待遇、工伤伤残待遇、因工死亡待遇等。

第一,工伤医疗待遇,主要包括:(1) 工伤医疗费用,即为治疗工伤或职业病所发生的符合国家规定的相关目录和标准的全部费用;(2) 康复性治疗费用;(3) 辅助器具安装配置费用。

第二,伤残待遇,是指职工因工受伤或致残应享受的待遇,主要包括:(1) 一次性伤残补助金;(2) 一次性工伤医疗补助金;(3) 伤残津贴;(4) 生活护理费。

第三，工亡待遇，是指职工因工死亡后，给予其近亲属的补救和救济，主要包括：(1) 一次性工亡补助金；(2) 丧葬补助金；(3) 供养亲属补助金。

73. 工伤就医有哪些规定？

《工伤保险条例》第三十条第二款规定，职工治疗工伤应当在签订服务协议的医疗机构就医，情况紧急时可以先到就近的医疗机构急救。也就是说,原则上职工工伤就医必须到签订服务协议的医疗机构,在符合法律特别规定的情况下,也可以不在签订服务协议的医疗机构就医。这些特别规定主要是指:(1)情况紧急时可以先到就近的医疗机构急救,这种情况多见于发生工伤后的初次就诊;(2)经医疗机构出具证明,报社保经办机构同意,工伤职工可以到统筹地区以外就医。

74. 工伤职工停工留薪期是怎样规定的？期间享受什么待遇？

《工伤保险条例》规定：停工留薪期一般不超过12个月。伤情严重或者情况特殊，经设区的市级劳动能力鉴定委员会确认，可以适当延长，但延长不得超过12个月。在停工留薪期内，除享受工伤保险医疗待遇外，原工资福利待遇不变，由所在单位按月支付。

75. 一至四级伤残职工有哪些工伤待遇？

工伤职工经劳动能力鉴定为一至四级工伤的，按照规定退出生产岗位，但保留劳动关系，主要待遇有以下几项：(1) 一次性伤残补助金；(2) 伤残津贴；(3) 有护理依赖的享受护理费；(4) 辅助器具的配置；(5) 工伤复发时的医疗康复。

76. 五至六级伤残职工有哪些工伤待遇?

(1)一次性伤残补助金;(2)辅助器具的配置(经鉴定需要安装的);(3)旧伤复发时的工伤医疗待遇;(4)经本人申请同意退出生产岗位的,由单位给予伤残津贴;(5)保留劳动关系,由单位重新安排工作;本人申请并同意终止劳动关系的,单位一次性支付伤残就业补助金。

77. 七至十级伤残职工有哪些工伤待遇?

(1) 一次性伤残补助金;(2) 旧伤复发时的工伤医疗待遇;(3) 解除劳动合同或关系的,单位一次性支付工伤医疗补助金。

78. 职工因工死亡有哪些待遇?

职工因工死亡,其近亲属享受以下待遇:(1) 一次性工亡补助金;(2) 丧葬补助金;(3) 有供养关系的近亲属抚恤金。

79. 职工因工下落不明有哪些待遇?

职工因工外出期间发生事故或者在抢险救灾中下落不明的,从事故发生当月起 3 个月内照发工资,从第 4 个月起停发工资,由工伤保险基金向其供养亲属按月支付供养亲属抚恤金。生活有困难的,可以预支一次性工亡补助金的 50%。职工被人民法院宣告死亡的,按照职工因工死亡的规定处理。

80. 职工工伤复发怎么办？享受什么待遇？

职工工伤复发，凭签订服务协议的医疗机构诊断证明，到经办机构确认批准后，需要治疗的，享受工伤医疗待遇；需要住院治疗的，伙食补助费由工伤保险基金支付；生活不能自理的，由单位负责护理；住院治疗期间享受停工留薪期内工资福利待遇。

81. 一级至四级工伤职工停工留薪期满后死亡，能享受一次性工亡补助金吗？

不能。由于一次性工亡补助金与一级至四级伤残职工一次性伤残补助金相类似，都是一次性待遇，其计发标准也相似。所以对于一级至四级伤残职工在停工留薪期后死亡的，其近亲属可以按照规定享受丧葬补助金和供养亲属抚恤金，不能享受一次性工亡补助金。

82. 工亡职工遗属范围是怎样确定的?

因工死亡职工供养亲属,是指工亡职工的配偶、子女、父母、祖父母、外祖父母、孙子女、外孙子女、兄弟姐妹。

子女:包括婚生子女、非婚生子女、养子女和有抚养关系的继子女。其中,婚生子女、非婚生子女包括遗腹子女。

父母:包括生父母、养父母和有抚养关系的继父母。

兄弟姐妹:包括同父母的兄弟姐妹、同父异母或者同母异父的兄弟姐妹、养兄弟姐妹、有抚养关系的继兄弟姐妹。

83. 工亡职工遗属享受待遇是如何规定的?

供养亲属抚恤金按照工亡职工本人工资的一定比例发给由因工死亡职工生前提供主要生活来源、无劳动能力的亲属。标准为:配偶每月40%,其他亲属每人每月30%,

孤寡老人或者孤儿每人每月在上述标准的基础上增加10%。核定的各供养亲属的抚恤金之和不应高于因工死亡职工生前的工资。

84. 哪些工伤待遇项目由用人单位负责?

用人单位负责的工伤待遇项目有以下几项:(1) 工伤职工停工留薪期内的工资、福利及陪护;(2) 五至六级工伤职工,单位难以安排工作的,由单位按月发给伤残津贴;(3) 经五至六级工伤职工本人提出,与用人单位解除或终止劳动关系的,七至十级工伤职工,劳动合同期满终止或者本人提出解除劳动合同的,由单位支付一次性伤残就业补助金。

85. 由于第三人的原因造成工伤而第三人又不支付工伤医疗费的怎么办?

劳动者因第三人侵权造成工伤事故、遭

受人身伤害的，侵权人应当承担民事赔偿责任，支付工伤医疗费用及其他相关费用。如果侵权人拒不支付的，工伤保险经办机构可以先行支付，事后再由经办机构向侵权人追讨先行支付的费用。

86. 涉及第三人责任造成的工伤，在申请工伤待遇时还应提供哪些材料？

涉及第三人责任的，在申请工伤待遇时还应提供如下材料：

(1) 属于交通事故或者城市轨道交通、客运轮渡、火车事故的，需提供相关的事故责任认定书、事故民事赔偿调解书；

(2) 属于遭受暴力伤害的，需提供公安机关出具的遭受暴力伤害证明和赔偿证明资料；

(3) 经人民法院判决或调解的，需提供民事判决书或民事调解书等证明资料；

(4) 省、自治区、直辖市经办机构规定的其他证件和资料。

87. 工伤职工与单位在工伤待遇方面发生纠纷时，有哪些处理渠道？

《工伤保险条例》第五十四条规定，职工与用人单位发生工伤待遇方面的争议，按照处理劳动争议的有关规定处理。

根据《劳动法》和《劳动争议调解仲裁法》的规定，职工与用人单位发生工伤待遇方面的争议时，双方可以协商解决，拒绝协商或者协商不成的，可以向调解组织申请调解；调解不成的或达成调解协议后不履行的，可以向劳动争议仲裁委员会申请仲裁。当事人也可以直接向劳动争议仲裁委员会申请仲裁；对仲裁裁决不服的，可以向人民法院起诉。

88. 一至四级工伤职工达到退休年龄后，是继续领取伤残津贴还是领取养老金？

一至四级工伤职工达到退休年龄后，应该领取养老金。养老金低于伤残津贴的，差额部分由工伤保险基金支付。

89. 已退休的一至四级工伤职工死亡后，其直系亲属应享受的工伤保险待遇从哪种渠道领取？

一至四级已退休工伤职工死亡后，其近亲属享受该职工的丧葬补助费，其费用从工伤保险基金支付。如果供养亲属符合供养条件的，还可以享受由工伤保险基金支付的供养亲属抚恤金。

90. 职工鉴定为五至六级工伤后，单位能单方面解除劳动合同吗？

鉴定为五至六级工伤的职工，保留与用人单位的劳动关系，由用人单位安排适当工作；如果实在难以安排工作，则由用人单位按月发给伤残津贴。伤残津贴的支付标准是：五级工伤的伤残津贴为本人上年度月平均工资的70%；六级工伤的伤残津贴为本人上年度月平均工资的60%。工伤职工本人可以提出同用人单位解除或者终止劳动关系，由工伤保险基金支付一次性工伤医疗补助金，由单位支付一次性伤残就业补助金。如果在劳动合同期内，那么单位不能单方面解除合同。

91. 生活护理费分几级？标准是如何规定的？

生活护理费按照生活完全不能自理、生活大部分不能自理、生活部分不能自理分为三个不同等级。支付标准分别为统筹地区上年度职工月平均工资的50%、40%、30%。

92. 工伤职工停工留薪期内因工伤死亡的，其近亲属如何享受待遇？

根据《工伤保险条例》第三十九条规定，

工伤职工停工留薪期内因工伤死亡的，其近亲属可以从工伤保险基金领取丧葬补助金、供养亲属抚恤金和一次性工亡补助金。丧葬补助金为6个月的统筹地区上年度职工月平均工资；供养亲属抚恤金按照职工本人工资的一定比例发给由因工死亡职工生前提供主要生活来源、无劳动能力的亲属。标准为：配偶每月40%，其他亲属每人每月30%，孤寡老人或者孤儿每人每月在上述标准的基础上增加10%。核定的各供养亲属的抚恤金之和不应高于因工死亡职工生前的工资。一次性工亡补助金标准为上一年度全国城镇居民人均可支配收入的20倍。

93. 哪些情形下应当停止工伤职工享受工伤待遇？

《工伤保险条例》第四十二条规定，工伤职工有下列情形之一的，停止享受工伤保险待遇：

（1）丧失享受待遇条件的；

（2）拒不接受劳动能力鉴定的；

（3）拒绝治疗的。

所谓丧失享受待遇条件的，是指如果工伤职工在享受工伤保险待遇期间情况发生了变化，不再具备享受工伤保险待遇的条件，譬如劳动能力得以完全恢复而无须工伤保险提供保障时，就应当停止享受工伤保险待遇；另外，工伤职工因判刑正在收监执行的，也不能再享受工伤保险待遇。

94. 行政复议、行政诉讼期间是否停止工伤职工的工伤待遇？

不停止工伤待遇。《工伤保险条例》第三十一条规定：社会保险行政部门作出认定为工伤的决定后发生行政复议、行政诉讼的，行政复议和行政诉讼期间不停止支付工伤职工治疗工伤的医疗费用。

95. 工伤职工超过 12 个月的停工留薪期没有办理延长停工留薪期申请，因工伤医治无效死亡，能算工亡吗？工亡待遇要由工伤保险基金支付吗？

某单位职工徐某某在上班路上遭遇车祸成植物人状态，对方负全责。在医院持续治疗，超过停工留薪期 12 个月后，单位和个人都没有申请延长停工留薪期，第 13 个月后医治无效死亡。虽然超过了停工留薪期，但因为是由于工伤的原因导致死亡，这种情况应该算工亡。由于是在停工留薪期外工亡的，其工亡待遇工伤保险基金不予支付，应由工亡职工单位承担。

需要注意的是，确需延长停工留薪期的，工伤职工本人或近亲属应在停工留薪期满前 15 日内向用人单位提出延长停工留薪期申请，单位收到申请后应及时向当地人社部门申报，单位也有向工伤职工本人或近亲属提醒是否延长停工留薪期的义务。

96. 骗取工伤保险待遇的如何处理?

用人单位、工伤职工或者其近亲属骗取工伤保险待遇,医疗机构、辅助器具配置机构骗取工伤保险基金支出的,由社会保险行政部门责令退还,处骗取金额2倍以上5倍以下的罚款;情节严重,构成犯罪的,依法追究刑事责任。

第五篇

工伤预防

97. 什么是工伤事故?

工伤事故是指劳动者在工作过程中或者从事上班前的预备性工作和下班后的收尾性工作时受到的人身伤害。

防治职业病

造福劳动者

98. 什么是职业病?

职业病是指劳动者在职业活动中,因接触粉尘、放射性物质和其他有毒、有害物质等因素而引起的疾病。其特征是在有毒有害的环境下工作所患的疾病。职业病的确认要由国家以法规形式规定并经国家指定的医疗机构确诊的疾病。职业病不同于职业事故伤害,其特点是:(1) 起因于劳动者在职业性活动中长期受到职业性危害因素或不良的作业方法及恶劣的工作环境的影响;(2) 属于缓发性伤残,其病症要经过一个逐渐形成期或潜伏期;(3) 多表现为体内器官和功能的损伤,是病而非伤;(4) 多表现为不可逆的损伤,难以治愈。

99. 职业病应该具备哪 4 个条件?

认定职业病必须同时满足 4 个条件:

(1) 患病主体必须是企事业单位或者是个体经济组织中的劳动者;

（2）所患疾病必须是在从事职业活动中发生的；

（3）该疾病必须是接触有害物质引起的；

（4）职工所患职业疾病必须是国家规定的职业病范围的。

普及职业卫生知识
增强自我防护意识

100. 什么是职业卫生？

职业卫生也叫劳动卫生、职业健康，是以职工的健康在职业活动中免受有害因素侵害为目的的工作领域，以及在法律、技术、设备、组织制度和教育等方面所采取的相应措施。

101. 什么是工伤预防？

工伤预防是指采用经济、管理和技术等

手段，防范职业伤亡事故以及职业病的发生，改善和创造有利于健康的、安全的生产环境和工作条件，保护劳动者在生产、工作环境中的安全和健康，减少事故及职业病的隐患，以防范职业伤害的发生。

102. 工伤预防的作用是什么？

（1）工伤预防可以从源头上降低工伤事故和职业病的发生，保障劳动者的人身安全和身心健康。

（2）工伤预防工作从根本上有利于企业发展，促进社会和谐稳定。

（3）工伤预防可以减少工伤保险基金的支出和社会物质财富的损失，降低社会成本。

加强工伤预防

促进安全生产

103. 做好工伤预防，要注意杜绝哪些不安全行为？

（1）未经许可开动、关停、移动机器；开动、关停机器时未给信号，开关未锁紧，造成意外转动、通电或泄漏等；忘记关闭设备；忽视警告标志、警告信号；错误操作按钮、阀门、扳手、把柄等；奔跑作业、供料或送料速度过快；机械超速运转；违章驾驶机动车；酒后作业；客货混载；冲压机作业时，手伸进冲压模；工件紧固不牢；用压缩空气吹铁屑；其他。

（2）安全装置被拆除、堵塞，造成安全装置失效。

（3）临时使用不牢固的设施或无安全装置的设备等。

（4）用手代替手动工具操作；用手清除切屑；不用夹具固定，用手拿工件进行机加工。

(5) 成品、半成品、材料、工具、切肩和生产用品等存放不当。

(6) 冒险进入危险场所。

(7) 攀、坐不安全位置(如平台护栏、汽车挡板、吊车吊钩)。

(8) 在起吊物下作业、停留。

(9) 机器运转时从事加油、修理、检查、调整、焊接、清扫等工作。

(10) 有分散注意力的行为。

(11) 在必须使用个人防护用品用具的作业或场合中,未按规定使用。

(12) 穿肥大服装在有旋转零部件的设备旁作业;操纵带有旋转零部件的设备时不戴手套;其他。

(13) 对易燃、易爆等危险物品处理错误。

104. 从业人员有哪些工伤预防的义务?

从业人员有义务遵守单位的劳动纪律

和各项规章制度，服从安排，听从指挥，完成本职工作和临时指定的工作。

从业人员必须接受劳动安全卫生教育和培训，应当学习和掌握相关的职业安全卫生知识，在工作中必须严格遵守安全操作规程，正确使用、维护职业危害防护设备和个体防护用品，配合单位积极预防事故和职业病，发生作业危害事故隐患应当及时报告。

105. 劳动者享有哪些职业卫生保护权利？

（1）获得职业卫生教育、安全培训的权利。

（2）获得职业卫生检查，职业病诊治、康复等职业危害防治服务的权利。

（3）了解作业场所产生或者可能产生的职业有害因素、危害后果和应当采取的职业危害防治措施的权利。

（4）要求用人单位提供符合要求的职业

危害防护设施和个人使用的职业危害防护用品，改善工作环境和条件的权利。

（5）对违反职业危害防治法律、法规、规章和国家及行业标准，危及生命健康的行为提出批评、检举和举报的权利。

（6）拒绝违章指挥和强令进行没有职业危害防护措施的作业的权利。

（7）参与用人单位职业安全卫生工作的民主管理，对职业害防治工作提出意见和建议的权利。

106. 什么是劳动防护用品？

劳动防护用品，是指由生产经营单位为从业人员配备的，使其在劳动过程中免遭或者减轻事故伤害及职业危害的个人防护装备。分为特种劳动防护用品和一般劳动防护用品。特种劳动防护用品目录由国家安全生产监督管理总局确定并公布；未列入目录的劳动防护用品为一般劳动防护用品。

改善劳动环境
确保身体健康

107. 用人单位应当采取哪些职业病防治管理措施?

用人单位应当采取以下职业病防治管理措施:

(1) 设置或者指定职业卫生管理机构或者组织,配备专职或者兼职的卫生管理人员,负责本单位的职业病防治工作;

(2) 制定职业病防治计划和实施方案;

(3) 建立、健全职业卫生管理制度和操作规程;

(4) 建立、健全职业卫生档案和劳动者健康监护档案;

(5) 建立、健全工作场所职业病危害因素监测及评价制度;

(6)建立、健全职业病危害事故应急救援预案。

108. 工伤预防管理的措施有哪些?

工伤预防管理主要有两类措施:一是费率机制的预防措施,通过制定不同行业间的差别费率,即在收取工伤保险费时通过费率调节达到预防的目的。这是工伤保险制度内在的预防功能;二是从工伤保险基金中支出工伤预防费用于工伤预防所进行的宣传、培训等。这是工伤保险制度外在的预防功能。

109. 行业差别费率及其档次是如何确定的?

不同工伤风险类别的行业执行不同的工伤保险行业基准费率。各行业工伤风险类别对应的全国工伤保险行业基准费率为,一类至八类分别控制在该行业用人单位职工工资总额的0.2%、0.4%、0.7%、0.9%、

1.1%、1.3%、1.6%、1.9%。

通过费率浮动的办法确定每个行业内的费率档次：一类行业分为3个档次，即在基准费率的基础上，可向上浮动至120%、150%；二类至八类行业分为5个档次，即在基准费率的基础上，可分别向上浮动至120%、150%或向下浮动至80%、50%。

110. 单位工伤保险费率是如何确定与浮动的？

统筹地区社会保险经办机构根据用人单位工伤保险费使用情况、工伤发生率、职业病危害情况等因素，确定其工伤保险费率，并依据上述因素变化情况，确定其在所属行业不同费率档次间是否浮动。

附录一

工伤保险知识测试

一、判断题(正确的打"√",错误的打"×"。每题2分,计50分)

1. 工伤保险应该由单位和个人按不同比例缴纳。 ( )

2. 工伤保险费根据以收定支、收支平衡的原则,确定费率。 ( )

3. 职工发生事故伤害或者按照职业病防治法规定被诊断、鉴定为职业病,所在单位应当自事故伤害发生之日或者被诊断、鉴定为职业病之日起30日内,向统筹地区社会保险行政部门提出工伤认定申请。

( )

4. 用人单位未在规定的时限内提出工伤认定申请的,工伤职工或者其近亲属、工会组织在事故伤害发生之日或者被诊断、鉴

定为职业病之日起半年内，可以直接向用人单位所在地统筹地区社会保险行政部门提出工伤认定申请。（　　）

5. 用人单位未在规定的时限内提交工伤认定申请，在此期间发生符合《工伤保险条例》规定的工伤待遇等有关费用由工伤保险基金负担。（　　）

6. 工伤职工拒不接受劳动能力鉴定的，应该停止享受工伤保险待遇。（　　）

7. 职工发生工伤，经治疗伤情相对稳定后存在残疾、影响劳动能力的，应当进行劳动能力鉴定。（　　）

8. 工伤职工停工留薪期满后仍需要治疗的，单位可以根据就医诊断证明延长停工留薪期。（　　）

9. 劳动功能障碍分为十个伤残等级，最重的为十级，最轻的为一级。（　　）

10. 生活自理障碍分为三个等级：生活

完全不能自理、生活大部分不能自理和生活部分不能自理。（　　）

11. 工伤保险条例所称本人工资，是指工伤职工因工作遭受事故伤害或者患职业病前12个月平均月缴费工资。（　　）

12. 工伤职工治疗非工伤引发的疾病，不享受工伤医疗待遇，按照基本医保办法处理。（　　）

13. 工伤职工到签订服务协议的医疗机构进行工伤康复的费用，符合规定的，从工伤保险基金支付。（　　）

14. 职工或者近亲属认为是工伤，用人单位不认为是工伤的，职工本人要承担举证责任。（　　）

15. 五至六级工伤职工，单位难以安排工作的，单位可以与其解除劳动合同。

（　　）

16. 当事人对职业病诊断有异议的，可

以向作出诊断的医疗卫生机构所在地地方人民政府卫生行政部门申请鉴定。 （ ）

17. 上班时中暑不能认定为工伤。

（ ）

18. 生活不能自理的工伤职工在停工留薪期需要护理的，由所在单位负责。 （ ）

19. 工伤职工在停工留薪期满后仍需治疗的，继续享受工伤医疗待遇和原工资福利待遇。 （ ）

20. 职工本人在工作中由于严重违章造成人身伤害，不应该认定为工伤。 （ ）

21. 因醉酒在生产场所发生事故伤害的，可以认定为工伤。 （ ）

22. 享受伤残津贴的工伤职工退休后领取养老金，养老金低于伤残津贴的，由工伤保险基金补足差额。 （ ）

23. 工伤职工本人提出与用人单位解除或终止劳动关系的，由工伤保险基金支付一

次性工伤医疗补助金和一次性伤残就业补助金。 (　　)

24. 享受护理津贴的工伤职工退休后，停止支付伤残津贴和护理费，领取养老金。

(　　)

25. 在单位上班时突发疾病回家休息，在家中病情恶化 48 小时内死亡，这种情况可以申请工亡。 (　　)

二、选择题(将正确答案填入括号中，每题 2 分，计 50 分)

26. 自劳动能力鉴定结论作出之日起(　　)年后，工伤职工或者其近亲属、所在单位或者经办机构认为伤残情况发生变化的，可以申请劳动能力复查鉴定。

A. 半年　　B. 1 年　　C. 2 年

27. 职工住院治疗工伤期间的伙食补助费标准为每人每天(　　)元。

A. 20　　B. 30　　C. 50

28. 经医疗机构出具证明，报经办机构同意，工伤职工到统筹地区以外就医所需的交通、食宿费用从工伤保险基金支付，住宿费每人每天补助（　　）元。

A. 100　　B. 150　　C. 200

29. 职工因工作遭受事故伤害或者患职业病需要暂停工作接受工伤医疗的，在停工留薪期内，原工资福利待遇不变，由所在单位按（　　）支付。

A. 月　　B. 季　　C. 年

30. 停工留薪期一般不超过（　　）个月。

A. 6　　B. 12　　C. 24

31. 生活护理费按照生活完全不能自理、生活大部分不能自理或者生活部分不能自理3个不同等级支付，其标准分别为统筹地区上年度职工月平均工资的（　　）

A. 50%、40%、30%

B. 60%、50%、40%

C. 70%、60%、50%

32. 职工因工致残被鉴定为五级、六级伤残的，保留与用人单位的劳动关系，由用人单位安排适当工作。难以安排工作的，由用人单位按(　　)发给伤残津贴。

A. 月　　B. 季　　C. 半年

33. 职工被借调期间受到工伤事故伤害的，由(　　)承担工伤保险责任。

A. 原用人单位　　B. 借调单位

34. 工伤保险条例所称工资总额，是指用人单位直接支付给本单位全部职工的(　　)。

A. 劳动报酬总额

B. 除加班费之外的报酬

35. 一次性工亡补助金标准为上一年度全国城镇居民人均可支配收入的(　　)倍。

A. 20　　B. 40　　C. 60

36. 咨询工伤保险政策和办事流程，可以拨打那个电话？（　　）

A. 12333　　B. 12315　　C. 12306

37. 在工作时间和工作岗位，突发疾病死亡或者在（　　）小时之内经抢救无效死亡的，可以视同工伤。

A. 24　　B. 48　　C. 72

38. 职工或者其直系亲属认为是工伤，用人单位不认为是工伤的，由谁承担举证责任？（　　）

A. 职工或者其直系亲属

B. 劳动保障部门

C. 用人单位

39. 用人单位未参加工伤保险，职工发生工伤能否申请工伤认定？（　　）

A. 不能申请，只有参加工伤保险才可以

B. 只要其所在单位是《工伤保险条例》

覆盖范围内的企业和有雇工的个体工商户的都可以申请

C. 只有其所在单位是国有企业的才可以申请

40. 生活不能自理的工伤职工在停工留薪期需要护理的，由谁负责？（　　）

A. 职工个人或者其直系亲属

B. 社保经办部门

C. 用人单位

41. 承担职业病诊断的医疗卫生机构应由哪一级部门批准？（　　）

A. 省级卫生行政部门

B. 市级卫生行政部门

42. 承担职业病诊断的医疗卫生机构在进行职业病诊断时，应当组织（　　）名以上取得职业病诊断资格的执业医师集体诊断。

A. 2　　B. 3　　C. 5

43. 疑似职业病病人在诊断、医学观察

期间的费用,由谁承担?(　　)

A. 用人单位

B. 职工个人

C. 工伤保险基金

44. 被鉴定为一级至四级工伤职工,基本医疗保险的缴纳由谁负责?(　　)

A. 单位全部缴纳

B. 单位和个人按比例缴纳

C. 个人全部缴纳

45. 领取退休养老金的一至四级工伤职工死亡后,丧葬补助金从(　　)领取。

A. 工伤保险基金

B. 养老保险基金

C. 原工作单位

46. 工作时间之前,在工作场所内从事预备性工作受到事故伤害的是否属工伤?(　　)

A. 是　　　B. 不是

47. 上下班途中发生非本人主要责任的交通事故后，得到了民事赔偿，能否再申请工伤？（　　）

A. 能　　　B. 不能

48. 企业没有按照法律规定参加工伤保险，职工发生工伤能申请工伤吗？（　　）

A. 能　　　B. 不能

49. 工作劳累过度患病能申请工伤吗？（　　）

A. 能　　　B. 不能

50. 工伤职工在上下班途中因非本人主要责任的交通事故受伤成植物人，这种情况停工留薪期应该是（　　）。

A. 12 个月　B. 24 个月　C. 长期

答案：

一、判断题

1. ×；2. √；3. √；4. ×；5. ×；
6. √；7. √；8. ×；9. ×；10. √；
11. √；12. √；13. √；14. ×；
15. ×；16. √；17. ×；18. √；
19. ×；20. ×；21. ×；22. √；
23. ×；24. ×；25. ×。

二、选择题

26. B；27. A；28. B；29. A；30. B；
31. A；32. A；33. A；34. A；35. A；
36. A；37. B；38. C；39. B；40. C；
41. A；42. B；43. A；44. B；45. A；
46. A；47. A；48. A；49. B；50. B。

附录二

工伤保险条例

（2003 年 4 月 27 日中华人民共和国国务院令第 375 号公布　根据 2010 年 12 月 20 日《国务院关于修改〈工伤保险条例〉的决定》修订）

第一章　总　　则

第一条　为了保障因工作遭受事故伤害或者患职业病的职工获得医疗救治和经济补偿，促进工伤预防和职业康复，分散用人单位的工伤风险，制定本条例。

第二条　中华人民共和国境内的企业、事业单位、社会团体、民办非企业单位、基金会、律师事务所、会计师事务所等组织和有雇工的个体工商户（以下称用人单位）应当依照本条例规定参加工伤保险，为本单位全部职工或者雇工（以下称职工）缴纳工伤保险费。

中华人民共和国境内的企业、事业单位、社会团体、民办非企业单位、基金会、律师事务所、会计师事务所等组织的职工和个体工商户的雇工，均有依照本条例的规定享受工伤保险待遇的权利。

第三条 工伤保险费的征缴按照《社会保险费征缴暂行条例》关于基本养老保险费、基本医疗保险费、失业保险费的征缴规定执行。

第四条 用人单位应当将参加工伤保险的有关情况在本单位内公示。

用人单位和职工应当遵守有关安全生产和职业病防治的法律法规，执行安全卫生规程和标准，预防工伤事故发生，避免和减少职业病危害。

职工发生工伤时，用人单位应当采取措施使工伤职工得到及时救治。

第五条 国务院社会保险行政部门负责全国的工伤保险工作。

县级以上地方各级人民政府社会保险行政部门负责本行政区域内的工伤保险工作。

社会保险行政部门按照国务院有关规定设立的社会保险经办机构（以下称经办机构）具体承办工伤保险事务。

第六条 社会保险行政部门等部门制定工伤保险的政策、标准，应当征求工会组织、用人单位代表的意见。

第二章 工伤保险基金

第七条 工伤保险基金由用人单位缴纳的工伤保险费、工伤保险基金的利息和依法纳入工伤保险基金的其他资金构成。

第八条 工伤保险费根据以支定收、收支平衡的原则，确定费率。

国家根据不同行业的工伤风险程度确定行业的差别费率，并根据工伤保险费使用、工伤发生率等情况在每个行业内确定若干费率档次。行业差别费率及行业内费率档次由国务院社会保险行政部门制定，报国务院批准后公布施行。

统筹地区经办机构根据用人单位工伤保险费使用、工伤发生率等情况，适用所属行业内相应的费率档次确定单位缴费费率。

第九条 国务院社会保险行政部门应当定期了解全国各统筹地区工伤保险基金收支情况，及时提出调整行业差别费率及行业内费率档次的方案，报国务院批准后公布施行。

第十条 用人单位应当按时缴纳工伤保险费。职工个人不缴纳工伤保险费。

用人单位缴纳工伤保险费的数额为本单位职工工资总额乘以单位缴费费率之积。

对难以按照工资总额缴纳工伤保险费的行业，其缴纳工伤保险费的具体方式，由国务院社会保险行政部门规定。

第十一条 工伤保险基金逐步实行省级统筹。

跨地区、生产流动性较大的行业，可以采取相对集中的方式异地参加统筹地区的工伤保险。具体办法由国务院社会保险行政部门会同有关行业的主管部门制定。

第十二条 工伤保险基金存入社会保障基金财政专户，用于本条例规定的工伤保险待遇，劳动能力鉴定，工伤预防的宣传、培训等费用，以及法律、法规规定的用于工伤保险的其他费用的支付。

工伤预防费用的提取比例、使用和管理的具体办法，由国务院社会保险行政部门会同国务院财政、卫生行政、安全生产监督管理等部门规定。

任何单位或者个人不得将工伤保险基金用于投资运营、兴建或者改建办公场所、发放奖金，或者挪作其他用途。

第十三条 工伤保险基金应当留有一定比例的储备金，用于统筹地区重大事故的工伤保险待遇支付；储备金不足支付的，由统筹地区的人民政府垫付。储备金占基金总额的具体比例和储备金的使用办法，由省、自治区、直辖市人民政府规定。

第三章 工伤认定

第十四条 职工有下列情形之一的，应当认定为工伤：

（一）在工作时间和工作场所内，因工作原因受到事故伤害的；

（二）工作时间前后在工作场所内，从事

与工作有关的预备性或者收尾性工作受到事故伤害的；

（三）在工作时间和工作场所内，因履行工作职责受到暴力等意外伤害的；

（四）患职业病的；

（五）因工外出期间，由于工作原因受到伤害或者发生事故下落不明的；

（六）在上下班途中，受到非本人主要责任的交通事故或者城市轨道交通、客运轮渡、火车事故伤害的；

（七）法律、行政法规规定应当认定为工伤的其他情形。

第十五条 职工有下列情形之一的，视同工伤：

（一）在工作时间和工作岗位，突发疾病死亡或者在48小时之内经抢救无效死亡的；

（二）在抢险救灾等维护国家利益、公共

利益活动中受到伤害的；

（三）职工原在军队服役，因战、因公负伤致残，已取得革命伤残军人证，到用人单位后旧伤复发的。

职工有前款第（一）项、第（二）项情形的，按照本条例的有关规定享受工伤保险待遇；职工有前款第（三）项情形的，按照本条例的有关规定享受除一次性伤残补助金以外的工伤保险待遇。

第十六条 职工符合本条例第十四条、第十五条的规定，但是有下列情形之一的，不得认定为工伤或者视同工伤：

（一）故意犯罪的；

（二）醉酒或者吸毒的；

（三）自残或者自杀的。

第十七条 职工发生事故伤害或者按照职业病防治法规定被诊断、鉴定为职业病，所在单位应当自事故伤害发生之日或者被诊断、鉴定为职业病之日起 30 日内，向统筹地区社会保险行政部门提出工伤认定申请。遇有特殊情况，经报社会保险行政部门同意，申请时限可以适当延长。

用人单位未按前款规定提出工伤认定申请的，工伤职工或者其近亲属、工会组织在事故伤害发生之日或者被诊断、鉴定为职业病之日起 1 年内，可以直接向用人单位所在地统筹地区社会保险行政部门提出工伤认定申请。

按照本条第一款规定应当由省级社会保险行政部门进行工伤认定的事项，根据属地原则由用人单位所在地的设区的市级社会保险行政部门办理。

用人单位未在本条第一款规定的时限内提交工伤认定申请，在此期间发生符合本条例规定的工伤待遇等有关费用由该用人单位负担。

第十八条 提出工伤认定申请应当提交下列材料：

（一）工伤认定申请表；

（二）与用人单位存在劳动关系（包括事实劳动关系）的证明材料；

（三）医疗诊断证明或者职业病诊断证明书（或者职业病诊断鉴定书）。

工伤认定申请表应当包括事故发生的时间、地点、原因以及职工伤害程度等基本情况。

工伤认定申请人提供材料不完整的，社会保险行政部门应当一次性书面告知工伤认定申请人需要补正的全部材料。申请人按照书面告知要求补正材料后，社会保险行政部门应当受理。

第十九条 社会保险行政部门受理工伤认定申请后，根据审核需要可以对事故伤害进行调查核实，用人单位、职工、工会组织、医疗机构以及有关部门应当予以协助。职业病诊断和诊断争议的鉴定，依照职业病防治法的有关规定执行。对依法取得职业病诊断证明书或者职业病诊断鉴定书的，社会保险行政部门不再进行调查核实。

职工或者其近亲属认为是工伤，用人单位不认为是工伤的，由用人单位承担举证责任。

第二十条 社会保险行政部门应当自受理工伤认定申请之日起 60 日内作出工伤认定的决定，并书面通知申请工伤认定的职工或者其近亲属和该职工所在单位。

社会保险行政部门对受理的事实清楚、权利义务明确的工伤认定申请，应当在 15 日内作出工伤认定的决定。

作出工伤认定决定需要以司法机关或者有关行政主管部门的结论为依据的，在司法机关或者有关行政主管部门尚未作出结论期间，作出工伤认定决定的时限中止。

社会保险行政部门工作人员与工伤认定申请人有利害关系的，应当回避。

第四章　劳动能力鉴定

第二十一条　职工发生工伤，经治疗伤情相对稳定后存在残疾、影响劳动能力的，应当进行劳动能力鉴定。

第二十二条　劳动能力鉴定是指劳动功能障碍程度和生活自理障碍程度的等级鉴定。

劳动功能障碍分为十个伤残等级，最重的为一级，最轻的为十级。

生活自理障碍分为三个等级：生活完全不能自理、生活大部分不能自理和生活部分不能自理。

劳动能力鉴定标准由国务院社会保险行政部门会同国务院卫生行政部门等部门

制定。

第二十三条 劳动能力鉴定由用人单位、工伤职工或者其近亲属向设区的市级劳动能力鉴定委员会提出申请，并提供工伤认定决定和职工工伤医疗的有关资料。

第二十四条 省、自治区、直辖市劳动能力鉴定委员会和设区的市级劳动能力鉴定委员会分别由省、自治区、直辖市和设区的市级社会保险行政部门、卫生行政部门、工会组织、经办机构代表以及用人单位代表组成。

劳动能力鉴定委员会建立医疗卫生专家库。列入专家库的医疗卫生专业技术人员应当具备下列条件：

（一）具有医疗卫生高级专业技术职务任职资格；

（二）掌握劳动能力鉴定的相关知识；

（三）具有良好的职业品德。

第二十五条 设区的市级劳动能力鉴定委员会收到劳动能力鉴定申请后，应当从其建立的医疗卫生专家库中随机抽取3名或者5名相关专家组成专家组，由专家组提出鉴定意见。设区的市级劳动能力鉴定委员会根据专家组的鉴定意见作出工伤职工劳动能力鉴定结论；必要时，可以委托具备资格的医疗机构协助进行有关的诊断。

设区的市级劳动能力鉴定委员会应当自收到劳动能力鉴定申请之日起60日内作出劳动能力鉴定结论，必要时，作出劳动能力鉴定结论的期限可以延长30日。劳动能力鉴定结论应当及时送达申请鉴定的单位和个人。

第二十六条 申请鉴定的单位或者个人对设区的市级劳动能力鉴定委员会作出的鉴定结论不服的，可以在收到该鉴定结论之日起15日内向省、自治区、直辖市劳动能力鉴定委员会提出再次鉴定申请。省、自治区、直辖市劳动能力鉴定委员会作出的劳动能力鉴定结论为最终结论。

第二十七条 劳动能力鉴定工作应当客观、公正。劳动能力鉴定委员会组成人员或者参加鉴定的专家与当事人有利害关系的，应当回避。

第二十八条 自劳动能力鉴定结论作出之日起1年后，工伤职工或者其近亲属、所在单位或者经办机构认为伤残情况发生变化的，可以申请劳动能力复查鉴定。

第二十九条 劳动能力鉴定委员会依照本条例第二十六条和第二十八条的规定进行再次鉴定和复查鉴定的期限，依照本条例第二十五条第二款的规定执行。

第五章　工伤保险待遇

第三十条　职工因工作遭受事故伤害或者患职业病进行治疗，享受工伤医疗待遇。

职工治疗工伤应当在签订服务协议的医疗机构就医，情况紧急时可以先到就近的医疗机构急救。

治疗工伤所需费用符合工伤保险诊疗项目目录、工伤保险药品目录、工伤保险住院服务标准的，从工伤保险基金支付。工伤保险诊疗项目目录、工伤保险药品目录、工伤保险住院服务标准，由国务院社会保险行政部门会同国务院卫生行政部门、食品药品监督管理部门等部门规定。

职工住院治疗工伤的伙食补助费，以及经医疗机构出具证明，报经办机构同意，工伤职工到统筹地区以外就医所需的交通、食宿费用从工伤保险基金支付，基金支付的具体标准由统筹地区人民政府规定。

工伤职工治疗非工伤引发的疾病，不享受工伤医疗待遇，按照基本医疗保险办法处理。

工伤职工到签订服务协议的医疗机构进行工伤康复的费用，符合规定的，从工伤保险基金支付。

第三十一条 社会保险行政部门作出认定为工伤的决定后发生行政复议、行政诉讼的，行政复议和行政诉讼期间不停止支付工伤职工治疗工伤的医疗费用。

第三十二条 工伤职工因日常生活或者就业需要，经劳动能力鉴定委员会确认，可以安装假肢、矫形器、假眼、假牙和配置轮椅等辅助器具，所需费用按照国家规定的标准从工伤保险基金支付。

第三十三条 职工因工作遭受事故伤

害或者患职业病需要暂停工作接受工伤医疗的，在停工留薪期内，原工资福利待遇不变，由所在单位按月支付。

停工留薪期一般不超过12个月。伤情严重或者情况特殊，经设区的市级劳动能力鉴定委员会确认，可以适当延长，但延长不得超过12个月。工伤职工评定伤残等级后，停发原待遇，按照本章的有关规定享受伤残待遇。工伤职工在停工留薪期满后仍需治疗的，继续享受工伤医疗待遇。

生活不能自理的工伤职工在停工留薪期需要护理的，由所在单位负责。

第三十四条　工伤职工已经评定伤残等级并经劳动能力鉴定委员会确认需要生活护理的，从工伤保险基金按月支付生活护理费。

生活护理费按照生活完全不能自理、生活大部分不能自理或者生活部分不能自理3

个不同等级支付，其标准分别为统筹地区上年度职工月平均工资的 50%、40% 或者 30%。

第三十五条 职工因工致残被鉴定为一级至四级伤残的，保留劳动关系，退出工作岗位，享受以下待遇：

（一）从工伤保险基金按伤残等级支付一次性伤残补助金，标准为：一级伤残为 27 个月的本人工资，二级伤残为 25 个月的本人工资，三级伤残为 23 个月的本人工资，四级伤残为 21 个月的本人工资；

（二）从工伤保险基金按月支付伤残津贴，标准为：一级伤残为本人工资的 90%，二级伤残为本人工资的 85%，三级伤残为本人工资的 80%，四级伤残为本人工资的 75%。伤残津贴实际金额低于当地最低工资标准的，由工伤保险基金补足差额；

（三）工伤职工达到退休年龄并办理退

休手续后，停发伤残津贴，按照国家有关规定享受基本养老保险待遇。基本养老保险待遇低于伤残津贴的，由工伤保险基金补足差额。

职工因工致残被鉴定为一级至四级伤残的，由用人单位和职工个人以伤残津贴为基数，缴纳基本医疗保险费。

第三十六条 职工因工致残被鉴定为五级、六级伤残的，享受以下待遇：

（一）从工伤保险基金按伤残等级支付一次性伤残补助金，标准为：五级伤残为18个月的本人工资，六级伤残为16个月的本人工资；

（二）保留与用人单位的劳动关系，由用人单位安排适当工作。难以安排工作的，由用人单位按月发给伤残津贴，标准为：五级伤残为本人工资的70%，六级伤残为本人工资的60%，并由用人单位按照规定为其缴纳应缴纳的各项社会保险费。伤残津贴实际金额低于当地最低工资标准的，由用人单位补足差额。

经工伤职工本人提出，该职工可以与用人单位解除或者终止劳动关系，由工伤保险基金支付一次性工伤医疗补助金，由用人单位支付一次性伤残就业补助金。一次性工伤医疗补助金和一次性伤残就业补助金的具体标准由省、自治区、直辖市人民政府规定。

第三十七条 职工因工致残被鉴定为七级至十级伤残的，享受以下待遇：

（一）从工伤保险基金按伤残等级支付一次性伤残补助金，标准为：七级伤残为 13 个月的本人工资，八级伤残为 11 个月的本人工资，九级伤残为 9 个月的本人工资，十级伤残为 7 个月的本人工资；

（二）劳动、聘用合同期满终止，或者职

工本人提出解除劳动、聘用合同的，由工伤保险基金支付一次性工伤医疗补助金，由用人单位支付一次性伤残就业补助金。一次性工伤医疗补助金和一次性伤残就业补助金的具体标准由省、自治区、直辖市人民政府规定。

第三十八条　工伤职工工伤复发，确认需要治疗的，享受本条例第三十条、第三十二条和第三十三条规定的工伤待遇。

第三十九条　职工因工死亡，其近亲属按照下列规定从工伤保险基金领取丧葬补助金、供养亲属抚恤金和一次性工亡补助金：

（一）丧葬补助金为6个月的统筹地区上年度职工月平均工资；

（二）供养亲属抚恤金按照职工本人工资的一定比例发给由因工死亡职工生前提供主要生活来源、无劳动能力的亲属。标准为：配偶每月40%，其他亲属每人每月30%，孤寡老人或者孤儿每人每月在上述标准的基础上增加10%。核定的各供养亲属的抚恤金之和不应高于因工死亡职工生前的工资。供养亲属的具体范围由国务院社会保险行政部门规定；

（三）一次性工亡补助金标准为上一年度全国城镇居民人均可支配收入的20倍。

伤残职工在停工留薪期内因工伤导致死亡的，其近亲属享受本条第一款规定的待遇。

一级至四级伤残职工在停工留薪期满后死亡的，其近亲属可以享受本条第一款第（一）项、第（二）项规定的待遇。

第四十条 伤残津贴、供养亲属抚恤金、生活护理费由统筹地区社会保险行政部门根据职工平均工资和生活费用变化等情况适时调整。调整办法由省、自治区、直辖市人民政府规定。

第四十一条 职工因工外出期间发生事故或者在抢险救灾中下落不明的，从事故发生当月起3个月内照发工资，从第4个月起停发工资，由工伤保险基金向其供养亲属按月支付供养亲属抚恤金。生活有困难的，可以预支一次性工亡补助金的50%。职工被人民法院宣告死亡的，按照本条例第三十九条职工因工死亡的规定处理。

第四十二条 工伤职工有下列情形之一的，停止享受工伤保险待遇：

（一）丧失享受待遇条件的；

（二）拒不接受劳动能力鉴定的；

（三）拒绝治疗的。

第四十三条 用人单位分立、合并、转让的，承继单位应当承担原用人单位的工伤保险责任；原用人单位已经参加工伤保险的，承继单位应当到当地经办机构办理工伤保险变更登记。

用人单位实行承包经营的，工伤保险责任由职工劳动关系所在单位承担。

职工被借调期间受到工伤事故伤害的，由原用人单位承担工伤保险责任，但原用人单位与借调单位可以约定补偿办法。

企业破产的，在破产清算时依法拨付应当由单位支付的工伤保险待遇费用。

第四十四条 职工被派遣出境工作，依据前往国家或者地区的法律应当参加当地工伤保险的，参加当地工伤保险，其国内工伤保险关系中止；不能参加当地工伤保险的，其国内工伤保险关系不中止。

第四十五条 职工再次发生工伤，根据规定应当享受伤残津贴的，按照新认定的伤残等级享受伤残津贴待遇。

第六章　监督管理

第四十六条　经办机构具体承办工伤保险事务，履行下列职责：

（一）根据省、自治区、直辖市人民政府规定，征收工伤保险费；

（二）核查用人单位的工资总额和职工人数，办理工伤保险登记，并负责保存用人单位缴费和职工享受工伤保险待遇情况的记录；

（三）进行工伤保险的调查、统计；

（四）按照规定管理工伤保险基金的支出；

（五）按照规定核定工伤保险待遇；

（六）为工伤职工或者其近亲属免费提供咨询服务。

第四十七条　经办机构与医疗机构、辅助器具配置机构在平等协商的基础上签订服务协议，并公布签订服务协议的医疗机构、辅助器具配置机构的名单。具体办法由国务院社会保险行政部门分别会同国务院卫生行政部门、民政部门等部门制定。

第四十八条　经办机构按照协议和国家有关目录、标准对工伤职工医疗费用、康复费用、辅助器具费用的使用情况进行核查，并按时足额结算费用。

第四十九条　经办机构应当定期公布工伤保险基金的收支情况，及时向社会保险行政部门提出调整费率的建议。

第五十条　社会保险行政部门、经办机构应当定期听取工伤职工、医疗机构、辅助器具配置机构以及社会各界对改进工伤保险工作的意见。

第五十一条　社会保险行政部门依法对工伤保险费的征缴和工伤保险基金的支付情况进行监督检查。

财政部门和审计机关依法对工伤保险基金的收支、管理情况进行监督。

第五十二条 任何组织和个人对有关工伤保险的违法行为，有权举报。社会保险行政部门对举报应当及时调查，按照规定处理，并为举报人保密。

第五十三条 工会组织依法维护工伤职工的合法权益，对用人单位的工伤保险工作实行监督。

第五十四条 职工与用人单位发生工伤待遇方面的争议，按照处理劳动争议的有关规定处理。

第五十五条 有下列情形之一的，有关单位或者个人可以依法申请行政复议，也可以依法向人民法院提起行政诉讼：

（一）申请工伤认定的职工或者其近亲属、该职工所在单位对工伤认定申请不予受理的决定不服的；

（二）申请工伤认定的职工或者其近亲属、该职工所在单位对工伤认定结论不服的；

（三）用人单位对经办机构确定的单位缴费费率不服的；

（四）签订服务协议的医疗机构、辅助器具配置机构认为经办机构未履行有关协议或者规定的；

（五）工伤职工或者其近亲属对经办机构核定的工伤保险待遇有异议的。

第七章　法律责任

第五十六条　单位或者个人违反本条例第十二条规定挪用工伤保险基金，构成犯罪的，依法追究刑事责任；尚不构成犯罪的，依法给予处分或者纪律处分。被挪用的基金由社会保险行政部门追回，并入工伤保险基金；没收的违法所得依法上缴国库。

第五十七条 社会保险行政部门工作人员有下列情形之一的，依法给予处分；情节严重，构成犯罪的，依法追究刑事责任：

（一）无正当理由不受理工伤认定申请，或者弄虚作假将不符合工伤条件的人员认定为工伤职工的；

（二）未妥善保管申请工伤认定的证据材料，致使有关证据灭失的；

（三）收受当事人财物的。

第五十八条 经办机构有下列行为之一的，由社会保险行政部门责令改正，对直接负责的主管人员和其他责任人员依法给予纪律处分；情节严重，构成犯罪的，依法追究刑事责任；造成当事人经济损失的，由经办机构依法承担赔偿责任：

（一）未按规定保存用人单位缴费和职工享受工伤保险待遇情况记录的；

（二）不按规定核定工伤保险待遇的；

（三）收受当事人财物的。

第五十九条 医疗机构、辅助器具配置机构不按服务协议提供服务的，经办机构可以解除服务协议。

经办机构不按时足额结算费用的，由社会保险行政部门责令改正；医疗机构、辅助器具配置机构可以解除服务协议。

第六十条 用人单位、工伤职工或者其近亲属骗取工伤保险待遇，医疗机构、辅助器具配置机构骗取工伤保险基金支出的，由社会保险行政部门责令退还，处骗取金额2倍以上5倍以下的罚款；情节严重，构成犯罪的，依法追究刑事责任。

第六十一条 从事劳动能力鉴定的组织或者个人有下列情形之一的，由社会保险行政部门责令改正，处2000元以上1万元以下的罚款；情节严重，构成犯罪的，依法追究刑事责任：

（一）提供虚假鉴定意见的；

（二）提供虚假诊断证明的；

（三）收受当事人财物的。

第六十二条 用人单位依照本条例规定应当参加工伤保险而未参加的，由社会保险行政部门责令限期参加，补缴应当缴纳的工伤保险费，并自欠缴之日起，按日加收万分之五的滞纳金；逾期仍不缴纳的，处欠缴数额1倍以上3倍以下的罚款。

依照本条例规定应当参加工伤保险而未参加工伤保险的用人单位职工发生工伤的，由该用人单位按照本条例规定的工伤保险待遇项目和标准支付费用。

用人单位参加工伤保险并补缴应当缴纳的工伤保险费、滞纳金后，由工伤保险基金和用人单位依照本条例的规定支付新发生的费用。

第六十三条 用人单位违反本条例第十九条的规定，拒不协助社会保险行政部门对事故进行调查核实的，由社会保险行政部门责令改正，处 2000 元以上 2 万元以下的罚款。

第八章 附 则

第六十四条 本条例所称工资总额，是指用人单位直接支付给本单位全部职工的劳动报酬总额。

本条例所称本人工资，是指工伤职工因工作遭受事故伤害或者患职业病前 12 个月平均月缴费工资。本人工资高于统筹地区职工平均工资 300％的，按照统筹地区职工平均工资的 300％计算；本人工资低于统筹地区职工平均工资 60％的，按照统筹地区职工平均工资的 60％计算。

第六十五条 公务员和参照公务员法

管理的事业单位、社会团体的工作人员因工作遭受事故伤害或者患职业病的，由所在单位支付费用。具体办法由国务院社会保险行政部门会同国务院财政部门规定。

第六十六条 无营业执照或者未经依法登记、备案的单位以及被依法吊销营业执照或者撤销登记、备案的单位的职工受到事故伤害或者患职业病的，由该单位向伤残职工或者死亡职工的近亲属给予一次性赔偿，赔偿标准不得低于本条例规定的工伤保险待遇；用人单位不得使用童工，用人单位使用童工造成童工伤残、死亡的，由该单位向童工或者童工的近亲属给予一次性赔偿，赔偿标准不得低于本条例规定的工伤保险待遇。具体办法由国务院社会保险行政部门规定。

前款规定的伤残职工或者死亡职工的近亲属就赔偿数额与单位发生争议的，以及前款规定的童工或者童工的近亲属就赔偿数额与单位发生争议的，按照处理劳动争议的有关规定处理。

第六十七条 本条例自2004年1月1日起施行。本条例施行前已受到事故伤害或者患职业病的职工尚未完成工伤认定的，按照本条例的规定执行。

参考文献

[1] 法律出版社大众出版编委会. 工伤保险条例 实用问题版[M]. 北京:法律出版社,2016.

[2] 法律出版社专业出版编委会. 工伤认定 工伤保险 不可不知 230 问[M]. 3 版. 北京:法律出版社,2016.

[3] 梁彪. 工伤预防和管理培训教材[M]. 徐州:中国矿业大学出版社,2018.

[4] 中国法制出版社. 最新工伤保险 100 问:含新工伤保险司法解释内容:工伤认定、赔偿标准及保险待遇[M]. 北京:中国法制出版社,2014.